이다희 선생님이 들려주는 60가지 마법의 문장

마음에 용기를 주는
어린이 긍정 확언

글 이다희 그림 뜬금

차례

안녕? 나는 이 책을 펼친 어린이들에게 마법처럼 신기한 주문을 알려 줄 이다희 선생님이라고 해.
"에이, 선생님! 마법 주문 같은 건 없어요."
이렇게 말하는 친구들도 어느새 마법 주문에 퐁당 빠져서 즐겁고 씩씩한 하루하루를 보낼 거야. 정말 신기하다고 말하면서 말이야.

열심히 노력했지만 실패한 날,
큰 잘못을 저질러서 내가 미워지는 날,
내 편은 아무도 없는 것 같아서 속상한 날,
나는 할 수 없을 것 같다는 생각에 움츠러드는 날.

그런 날이 바로 마법 주문을 사용하기 딱 좋은 날이야. 주문을 사용하면 엉망인 줄 알았던 하루가 사실은 아주 멋진 하루였다는 것을 알게 되거든.

실패를 훌훌 털고 다시 도전하는 날,
잘못한 나를 용서하고 안아 주는 날,
온 세상이 나를 응원하고 있다는 사실을 깨달은 날,
움츠러든 마음을 펴고 씩씩하게 도전하는 날.

이렇게 완벽한 변화라니, 멋지지 않아? 어떤 주문인지 눈을 동그 랗게 뜨고 궁금해하는 어린이들에게 이 책을 통해 하나씩 소개해 줄게.

선생님이 너희에게 알려 줄 주문은 바로 '어린이 긍정 확언'이라 는 거야. 어린이들의 마음에 용기를 불어넣어서 멋진 하루를 보낼 수 있게 도와주는 마법 주문이지.

선생님이 들려줄 이야기에 마음을 활짝 열고, 마법처럼 신기한 주 문이 정말로 이루어질 거라고 생각하면서 매일 소리 내어 '어린이 긍정 확언'을 말해 봐.

놀라운 마법이 함께할 너의 멋진 하루를 응원할게.

2024년 11월
이다희 선생님

이 책의 활용법

마음에 용기를 주는 오늘의 긍정 확언을 살펴보아요.
활짝 웃는 얼굴로 멋진 하루를 시작할 수 있어요.

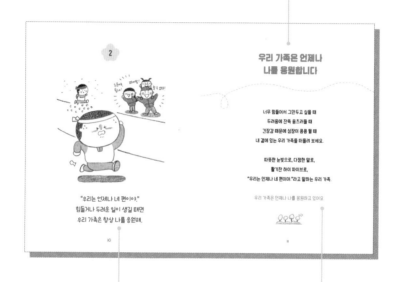

실패해도 다시 도전하는 아이,
나를 소중히 여기는 아이의 모습을
그림으로 한눈에 살펴봐요.

선생님이 들려주는 다정한 이야기를 만나 보세요.
부모님이 먼저 읽은 후
아이에게 들려주어도 좋아요.

★ 매일 긍정 확언을 읽고 챌린지까지 참여하면 더욱 효과 만점! ★

나는 오늘도 긍정적으로

행복한 하루를 보낼 자신이 있는

입니다.

아름다운 그림을 그리는 화가가 되기 위해
매일 그리기 연습을 하고 있어.
나에게는 꿈을 이룰 수 있는 힘이 있으니까!

나에게는 꿈을 이룰 수 있는
힘이 있습니다

우리 모두에게는 대단한 힘이 숨어 있어요.
바로 꿈을 이룰 수 있는 힘이지요.

축구 선수가 되기 위해 매일 드리블 연습을 하는 나.
영화감독이 되기 위해 매일 멋진 이야기를 상상하는 나.
과학자가 되기 위해 매일 과학책을 읽는 나.

꿈은 우리가 대단한 힘을 발휘하는 순간을 기다리고 있어요.
매일 조금씩 우리를 기다리는 꿈에게 다가가 보세요.

"우리는 언제나 네 편이야."
힘들거나 두려운 일이 생길 때면
우리 가족은 항상 나를 응원해.

우리 가족은 언제나
나를 응원합니다

너무 힘들어서 그만두고 싶을 때

두려움에 잔뜩 움츠러들 때

긴장감 때문에 심장이 콩콩 뛸 때

내 곁에 있는 우리 가족을 떠올려 보세요.

따뜻한 눈빛으로, 다정한 말로,

활기찬 하이 파이브로,

"우리는 언제나 네 편이야."라고 말하는 우리 가족.

우리 가족은 언제나 나를 응원하고 있어요.

넘어져서 울고 있는 이웃집 동생을 만났어.
토닥토닥 달래 주고 집까지 데려다줬어.

나는 친절하고
다정한 아이입니다

세상을 포근하고 따뜻하게 만드는 것은
우리가 주고받은 친절과 다정이랍니다.

맛있는 과자를 먹다가 친구를 만나면 "먹을래?" 하고 나눠 주는 나.
지나가던 사람이 흘린 지폐를 주워 "떨어뜨리셨어요."라며 건네주는 나.
급식 시간에 반찬을 나누어 주시는 조리사 선생님께
"잘 먹겠습니다."라고 웃으며 인사하는 나.

나를 스치는 사람들에게 친절과 다정을 건네 보세요.
사람들의 미소가 선물처럼 찾아올 거예요.

나를 위해 준비된 멋진 자리를 향해
오늘도 즐겁게 가는 중!

세상에는 나를 위한
멋진 자리가 준비되어 있습니다

가만히 눈을 감고 상상해 보세요.

미래의 나는 어떤 모습일까요?

어디에서 누구와 함께 이야기 나누고 있을까요?

지금 당장은 보이지 않지만

세상에는 나를 위한 멋진 자리가 준비되어 있답니다.

그 자리에 잘 찾아갈 수 있도록

오늘도 내 마음에 귀를 기울이고

하루하루 성실히 보내기로 약속해요.

5

퉁명스럽게 말하는 친구를 만났을 때
'나를 싫어하나?'라고 생각하는 대신
'오늘 기분 안 좋은 일이 있었나 보다.'라고 생각했어.

나를 힘들게 하는 생각 대신
좋은 생각을 선택합니다

머릿속에 떠오른 여러 생각 중
좋은 생각을 고르는 연습을 해 보세요.

'나는 할 수 없을 거야.'라는 생각 대신
'나도 노력하면 할 수 있을 거야.'라는 생각을 선택하고,
'역시 난 엉망이야.'라는 생각 대신
'점점 나아질 거야.'라는 생각을 선택해 보는 거예요.

내 마음은 내가 고른 생각에 따라 움직인답니다.
즐거운 마음이 생길 수 있도록 좋은 생각을 골라 보세요.

6

운동회에서 실수로 줄에 걸려 넘어졌지만
툭툭 털고 일어서며 생각했어.
'괜찮아. 다시 하면 돼.'

나는 실수해도
나를 응원해 줍니다

실수하는 순간마다 나를 응원해 주는 사람이 있다면 얼마나 좋을까요?

수학 시간에 빼기를 더하기로 잘못 계산해 버린 나.

일기장에 쓴 글자를 고치려고 지우개로 지우다가 그만 종이를 찢어 버린 나.

피아노로 멋진 곡을 연주하고 싶지만 계속 박자를 못 맞추는 나.

실수투성이인 나에게 "괜찮아. 다시 하면 돼."라고 응원하는 사람.

그걸 가장 잘할 수 있는 사람이 바로 나예요.

나에게 다정한 응원을 보내 주세요.

오랜만에 아빠와 학교 가는 길.

하늘은 파랑고, 구름은 예쁘고, 단풍은 알록달록해.

내 주변에는 아름다운 것이
가득합니다

지금 내 주변을 살펴보세요.

평소에는 그냥 지나쳤던 풍경에

하나씩 관심을 기울여 보는 거예요.

나를 보자마자 방긋 웃으며 "안녕!" 하고 큰 소리로 인사하는 친구.

고소한 냄새를 솔솔 풍기는 저녁 밥상.

저녁 산책길에 들리는 찌르륵 풀벌레 우는 소리.

언제나 아름다운 것들이 나를 둘러싸고 있답니다.

내 곁에 있는 아름다운 것들을 발견할수록 나는 더 행복한 사람이 될 거예요.

어제는 친구와 다퉜지만, 오늘은 함께 놀았어.
우리는 다투기도 하지만 서로를 좋아하니까.

나는 친구들을 좋아하고
친구들도 나를 좋아합니다

재미있는 만화책은 절대 양보하지 않지만

맛있는 과자는 친구의 손안에 가득히 나눠 주는 나.

보라색 색연필은 결코 빌려주지 않지만

내가 다치면 가장 먼저 내 손을 잡고 보건실로 함께 가는 내 친구.

친구와 나는 서로 다르고 가끔 다투기도 하지만,

한 가지는 확실해요.

우리는 서로를 정말 좋아해요!

9

우리 집 뒷산 꼭대기까지 갈 거야.
튼튼한 내 두 다리를 믿고 힘들어도 계속 가 보는 거야!

나는 강하고 자신감 넘치는 아이입니다

강하다는 말은 단순히 '힘이 세다'라는 의미에서 나아가

더 깊은 뜻을 담고 있어요.

어려움이 있을 때 잘 대처하고

힘든 순간이 찾아왔을 때 몸과 마음을 단단히 만들 수 있는 것.

그게 바로 강한 거예요.

강한 사람은 자신감이 넘친답니다.

자신 없이 뒤로 물러서고 싶은 순간,

"나는 강하다."라고 스스로에게 주문을 걸어 보세요.

한 달 전에는 아무리 애써도 자꾸 틀리던 구구단이
지금은 입에서 술술 나와.

나의 뇌는 지금도
자라고 있습니다

똑딱똑딱, 시간이 흐를 때마다 자라고 있는 것이 있어요.

바로 나의 뇌예요.

놀이터에서 신나게 뛰어노는 순간에도,

잘 외워지지 않는 영어 단어를 끙끙대며 외우는 순간에도,

침대에서 이리저리 뒹굴며 책을 보는 순간에도,

나의 뇌는 가만히 멈추어 있지 않아요.

그 덕분에 우리는 예전에는 못했지만 지금은 잘하는 일이 많고,

지금은 못하지만 앞으로는 잘하게 될 일이 많답니다.

놀이터에서 실컷 술래잡기하며 놀았어.
쌩쌩 잘 달려 준 내 다리 덕분에
요리조리 술래를 잘 피했지.

28

나는 나의 몸에게
감사합니다

누군가에게 고마운 마음이 들 때

고운 목소리로 "고마워."라고 말하는 것처럼,

오늘 하루를 잘 살게 도와준 나의 몸에게 감사를 표현해 보세요.

웃을 때마다 입꼬리를 따라 올라가는 양 볼.

걸을 때마다 씩씩하게 움직이는 두 다리.

사랑하는 우리 가족을 꼭 껴안을 수 있는 양팔.

이 모든 일을 할 수 있게 도와주는 나의 몸에게 감사하는 순간,

오늘 하루가 더 특별해질 거예요.

비 내리는 날, 친구들이 우르르 걸어오는 길 위에
지렁이 한 마리가 꿈틀대고 있어서
얼른 화단으로 보내 줬어.

나는 충분히
좋은 아이입니다

친구와 다투며 심술부린 기억.

엄마한테 괜한 짜증을 내다가 꾸중 들은 기억.

안 좋은 기억들이 떠올라서, '난 정말 별로야.'라는 생각이 자꾸만 들 때

내가 했던 좋은 일을 떠올려 보세요.

지우개가 없는 친구에게 아끼던 지우개를 빌려주는 나.

동생이 넘어졌을 때 얼른 달려가서 괜찮냐고 묻는 나.

못난 마음도 있지만 내 안 깊숙한 곳에는

좋은 마음이 훨씬 더 크게 자리 잡고 있답니다.

13

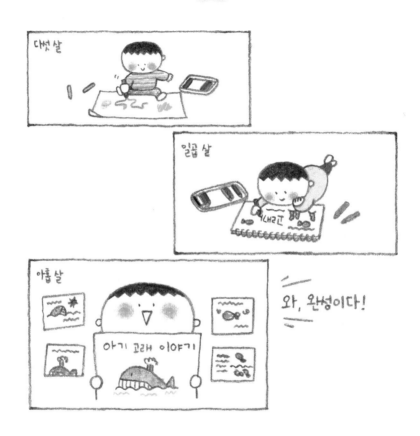

이제는 누가 도와주지 않아도 내 힘으로
멋진 그림책 한 권을 만들 수 있어.

내 안에는 놀라운 능력이
자라고 있습니다

꼭 이루고 싶은 게 있지만 아직 능력이 없을 때,
내 안에서 조금씩 자라고 있는 놀라운 능력을 믿어 보세요.

걷다가 힘들면 안아달라고 떼쓰던 다섯 살이었지만,
이제 씩씩하게 등산도 할 수 있는 나.
'오이'밖에 읽지 못하는 일곱 살이었지만,
이제 또박또박 소리 내서 책을 읽을 수 있는 나.

내 안에서 자라고 있는 놀라운 능력을 믿고
꼭 이루고 싶은 일을 마음속에 그려 보세요.

14

나에게 위험한 일이 생기지 않도록
어른들은 언제나 나를 지켜 줘.

나는 보호받고
사랑받는 아이입니다

혼자서는 아무것도 할 수 없던 아기였던 내가,
무럭무럭 자라 뛰어놀 수 있게 된 것은
주변 사람들의 보호와 사랑 덕분이에요.

포근한 집, 안전한 학교,
건강한 음식, 매일 나누는 인사.

당연하다고 생각했던 이 모든 것이
사실은 나를 지켜 주고 있었답니다.

15

드디어 두발자전거 타는 법을 배웠어.
새로운 걸 배우는 건 신나는 일이야.

나는 새로운 것을
배우기를 좋아합니다

새로운 것을 배운다는 건
나의 세상이 더 넓어지는 일이에요.

종이로 눈꽃 접는 방법을 배워서 방을 예쁘게 장식하는 나.
사랑하는 마음을 담아 "I love you."라고 편지 적는 법을 배운 나.
철봉에 거꾸로 매달리는 방법을 배운 나.

지금 이 순간,

새롭게 배우고 싶은 것을 떠올려 보세요.

오랫동안 준비한 피아노 대회 날이야.
'실수하면 어쩌지?' 하고 걱정했지만
나를 믿고 연주를 시작했어.

나는 나를
믿습니다

'내가 과연 할 수 있을까?'
'혹시라도 실수하면 어쩌지?'
걱정이 하나둘씩 밀려올 때,
멋지게 해내는 모습을 상상하며 자신을 믿어 보세요.

어깨를 펴고, 고개를 들고,
입꼬리를 올리고, 눈을 초롱초롱하게 뜨고,
스스로에게 이렇게 이야기하는 거예요.

"나는 나를 믿어."

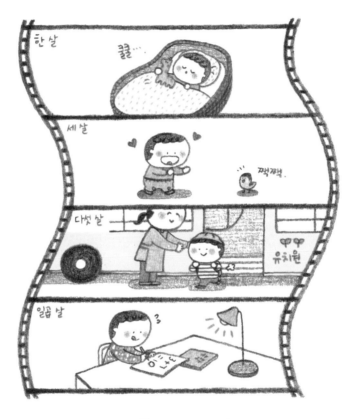

내가 제일 좋아하는 영화가 있어.
그 영화의 주인공은 바로 나!
처음부터 끝까지 내가 주인공으로 활약할 거야.

나는 내 인생의
주인공입니다

태어난 순간부터 마지막 순간까지
내가 주인공인 멋진 영화가 만들어지고 있어요.

주인공에게는 언제나 시련이 있는 법이라
실패해서 움츠러들기도 하고
잘난 친구 옆에서 시무룩한 표정을 짓기도 해요.
그렇지만 마지막에는 시련을 이겨 내고 활짝 웃고 있답니다.

나는 내 인생이라는 멋진 영화의 주인공이에요.

18

오빠가 아파서 수술을 했어.
다 잘될 거라던 아빠의 말처럼
수술이 잘 끝나서 얼마나 다행인지 몰라.

모든 일이
잘 흘러가고 있습니다

걱정스럽게 여겼던 일,

운이 나쁘다고 생각했던 일들도

사실은 좋은 일을 맞이하기 위한 과정일지도 몰라요.

겉보기엔 호랑이처럼 무서운 담임 선생님도

알고 보면 아이들의 마음을 잘 알아주는 세심한 선생님일 수 있고,

비가 와서 운동회가 취소되더라도

교실에서 하루 종일 재미있는 놀이를 하며 보낼 수 있답니다.

모든 일이 잘 흘러가고 있다고 믿어 보세요.

난생처음 반장 선거에 나갔어.
긴장감이 몰려왔지만 크게 숨을 들이마시고 내쉬며
마음을 조절했어.

나는 긴장되는 마음을
조절할 수 있습니다

글짓기 대회에 나갔을 때,

수학 시험을 칠 때,

친구들 앞에서 큰 소리로 발표할 때.

꼭 잘 해내고 싶은 일이 있을 때는

누구나 긴장하기 마련이에요.

그럴 때는 크게 심호흡하며

마음을 조금씩 편하게 만들어 보세요.

"흡~." 하고 숨을 천천히 들이마시고 "후~." 하고 숨을 길게 내쉬어요.

20

내가 활짝 웃으면
내 옆에 있는 사람들도 덩달아 활짝 웃어.

나의 웃는 얼굴은
주변 사람을 미소 짓게 합니다

나의 웃는 얼굴은 주변 사람을 행복하게 만드는

마법의 힘을 가지고 있답니다.

재미있는 춤을 추며 헤헤 웃는 나.

콧노래를 흥얼거리며 살며시 미소 짓는 나.

친구와 신나게 놀면서 깔깔 웃는 나.

이런 나를 보면 주변 사람들도 함께 웃게 될 거예요.

오늘도 웃음 마법을 사용해 행복을 퍼뜨려 보세요.

47

양치는 꼭 해야 하는 일이니까
미루지 않고 바로 할 거야.

나는 해야 할 일을
미루지 않습니다

'해야 할 일을 꼭 지금 할 필요는 없어.

미뤄도 괜찮아. 하고 싶은 것부터 먼저 해.'

속닥속닥, 나쁜 목소리가 들려오는 순간에도

해야 할 일을 미루지 않고 움직이는 나를 떠올려 보세요.

더 자고 싶지만, 침대에서 일어나 학교에 갈 준비를 하는 나.

더 놀고 싶지만, 선생님께서 내 준 숙제를 열심히 하는 나.

해야 할 일을 미루지 않고 잘 해낸 나에게 "최고!"라고 말해 주세요.

기분이 훨씬 상쾌해질 거예요.

49

글자가 많은 책을 혼자 힘으로 끝까지
다 읽은 내가 정말 자랑스러워.

나는 나를
자랑스럽게 생각합니다

나의 자랑스러운 점을 떠올려 보세요.

엄마가 양손 가득 짐을 들고 있을 때, 엄마의 짐을 나눠 드는 나.

미술 시간 내내 공들여서 멋진 작품을 완성한 나.

기발한 이야기를 해서 선생님의 눈을 동그랗게 만든 나.

우리는 모두 자랑스러운 점을 갖고 있어요.

작고 사소한 일일지라도

나의 어깨를 으쓱하게 만든 자랑스러운 기억을 모아 보세요.

내가 잘하는 모습도,
잘 못하는 모습도 사랑해 주는 사람!
바로 우리 가족이야.

우리 가족은
나의 모든 모습을 사랑합니다

내가 100점을 받을 때도, 0점을 받을 때도
내가 발표를 잘할 때도, 잘 못할 때도
내가 용감하게 도전할 때도, 쭈뼛쭈뼛 망설일 때도
우리 가족은 언제나 나를 사랑해요.

똑똑한 아이가 되어야만 아껴 주고,
멋진 아이가 되어야만 사랑하는 게 아니에요.

우리 가족은 아무런 조건 없이
나의 모든 모습을 사랑한답니다.

24

지금은 인라인스케이트를 탈 때마다 넘어지지만
한 달 뒤에는 자유롭게 씽씽 달릴 수 있을 거야.

지금의 부족한 모습보다
미래의 나아질 모습에 집중합니다

멋지고 대단해 보이는 사람들에게도 실수투성이였던 시절이 있어요.
처음은 누구나 서툴고 부족하니까요.

너무 어려서 두 발로 걸을 수도 없던 내가 지금은 달릴 수 있고
숫자도 잘 모르던 내가 지금은 더하기를 쉽게 할 수 있게 된 것처럼,
지금 당장은 내가 잘할 수 없는 것들도
미래의 나는 멋지게 해낼 수 있을 거예요.

지금의 부족한 모습만 바라보지 말고
미래의 나아질 내 모습을 바라보세요.

할머니께서 들고 계시던 무거운 짐을 나눠 들었어.

도움을 드릴 수 있어서 뿌듯해.

나는 사람들에게 도움을 주는
멋진 아이입니다

누군가를 도와준다는 것은
내가 그만큼 멋진 사람이라는 뜻이에요.
나에게 누군가를 도와줄 수 있는 능력이 있다는 의미니까요.

다리를 다친 친구의 가방을 들어 줄 수 있을 만큼 힘이 센 나.
엄마를 도와 구석구석 집 청소를 할 수 있을 만큼 훌쩍 자란 나.
동생이 어려워하는 문제를 설명해 줄 수 있을 만큼 똑똑한 나.

내가 가진 능력으로 누군가를 도와줄 때마다
나는 조금씩 더 멋진 아이가 될 거예요.

수학 익힘책을 열심히 풀다가
이해가 안 되는 부분이 있어서 선생님께 여쭈어보았어.

나는 스스로
노력하며 배웁니다

줄넘기를 잘하고 싶어서 매일 줄넘기 연습을 하는 나.

복잡한 수학 문제를 풀어 보려고 끙끙 고민하는 나.

피아노로 멋진 곡을 연주하고 싶어서 선생님께 열심히 배우는 나.

누군가 시켜서 억지로 배우는 것이 아니라

스스로 노력하며 배웠던 기억을 떠올려 보세요.

그 순간의 내 모습은

반짝반짝 빛나는 별처럼 아름다울 거예요.

밥을 다 먹고 식탁을 깨끗이 닦는 건 내 역할이야.
깨끗해진 식탁을 보면 기분이 좋아.

나는 나에게 맡겨진 일을
잘 해냅니다

나에게 주어진 일은 무엇인지 떠올려 보세요.

숙제 스스로 하기.

내 방 깨끗이 치우기.

밥 먹기 전에 수저 놓기.

필통에 연필 깎아서 넣어 두기.

나에게 맡겨진 일을 스스로 잘 해낸다면

내 마음에 쏙 드는 멋진 나를 만날 수 있을 거예요.

쉽게 매달릴 수 있는 낮은 철봉 대신
어려워 보이는 높은 철봉에 도전할 거야.

나는 어려운 일에도
일단 도전합니다

쉬운 일과 어려운 일.

늘 해서 익숙한 일과 처음이라 낯선 일.

이 중 어떤 일을 선택하고 싶은가요?

사람들은 대부분 쉬운 일, 익숙한 일을 선택해요.

실패할 확률이 낮으니까요.

하지만 큰 꿈을 갖고 있는 사람은 어려운 일, 낯선 일에 도전하며

한 걸음씩 꿈을 향해 다가간답니다.

두려워하지 말고 어려운 일에도 일단 도전해 보세요.

학교 가는 길에 친구를 만나 활짝 웃으며 인사한 하루.
선생님께서 우리 반 모두에게 사탕을 선물한 하루.
오늘도 좋은 일이 가득해!

오늘도 좋은 일이
가득한 하루입니다

오늘 하루 동안, 나에게 일어난 일을 가만히 떠올려 보세요.

"다녀오겠습니다!" 하며 가족과 밝은 인사를 나누고 등교한 아침.
내가 좋아하는 반찬이 나와서 밥을 두 그릇이나 먹은 점심시간.
뽀송뽀송한 이불을 덮은 채 재미있는 꿈을 꾸기를 기대하며 잠드는 밤.

매일 일어나는 비슷한 일들 속에서
우리가 편안히 웃었던 시간에 마음을 기울이면
좋은 일이 가득한 하루였다는 것을 알게 될 거예요.

친구가 빌려준 색연필을 잃어버렸어.
미안한 마음에 똑같은 색연필을 사서 건네며 사과했어.
"정말 미안해."

나는 잘못을 책임질 줄 아는 아이입니다

사람은 누구나 잘못을 저지를 수 있어요.
실수로 가족과 친구의 마음을 아프게 할 수 있지요.

내 실수로 큰 잘못을 저질렀을 때
어떻게 행동해야 할까요?

도망가기, 변명하기, 시치미 떼기를 선택할 수도 있겠지만,
반성하기, 사과하기, 책임지기를 선택할 수도 있어요.

나를 더 멋진 아이로 만들어 주는 선택을 해 보세요.

31

모둠 친구들과 '미래 도시 만들기' 활동을 할 때
멋진 아이디어를 냈어.
바로 '뷔페 자판기'를 만드는 거야!

내 머릿속은
멋진 아이디어로 가득합니다

길을 가다가 갑자기 떠오르는 재미있는 생각.

하늘을 보다가 번쩍 스쳐 지나가는 특별한 이야기.

이 모든 것들이 나만의 멋진 아이디어랍니다.

"에이, 쓸데없는 생각하지 말자."라고 하는 대신

멋진 아이디어라고 생각하고 이름표를 붙여 주세요.

> 과학자처럼 반짝이고
> 코미디언처럼 웃긴 깔깔 아이디어

머릿속에 가득한 멋진 아이디어가 꿈을 더 크게 만들어 줄 거예요.

세상에 단 하나밖에 없는 꽃이 있대.
그래서 더 소중하고 특별한 꽃.
우리 모두가 바로 그 꽃이야.

나는 소중하고
특별한 사람입니다

미술 시간에는 특별히 더 멋진 작품을 만들고 싶고
체육 시간에는 특별히 더 운동을 잘하고 싶고
친구들과 함께 있을 때는 특별히 더 인기 있는 아이가 되고 싶을 거예요.

하지만 그것 아나요?
우리는 이미 특별한 사람이에요.
나와 똑같은 성격, 생김새를 가진 사람은 이 세상에 없답니다.

세상에 단 한 마리만 남은 흰색 기린처럼
이 세상에 단 하나뿐인 나는 이미 아주 소중하고 특별한 사람이에요.

33

언니처럼 예쁘게 글씨를 쓰고 싶어서
매일 연습하고 있어.

나는 꾸준히
연습합니다

잘하고 싶은 것이 있다면 매일 연습해 보세요.

축구할 때 멋지게 골을 넣고 싶다면
매일 10분씩 골 넣는 연습을 해 보는 거예요.
가수처럼 노래를 잘하고 싶다면
매일 좋아하는 노래를 따라 불러 보는 거예요.

무리하지 말고 매일 조금씩,
대신 하루도 빠지지 않겠다는 마음으로
꾸준히 하는 것이 중요하답니다.

34

키 작은 나, 그래서 귀여운 나!
안경 낀 나, 그래서 똑똑해 보이는 나!
나는 내 모습이 좋아.

나는 내 모습을
사랑합니다

지금 내 모습을 찬찬히 바라보세요.
울퉁불퉁하고 어두운 심술 렌즈 대신
부드럽고 밝은 사랑 렌즈를 끼고 말이에요.

친구들은 꼬마라고 놀리지만, 키가 작아서 귀여운 나.
친구들은 안경 낀 내 얼굴이 우스꽝스럽다고 말하지만,
안경 덕분에 똑똑해 보이는 나.

내 모습의 좋은 점을 마음에 기록하며 이렇게 말해 보세요.
"나는 내 모습을 사랑합니다."

35

오늘은 놀이터에 친구들이 없어서
'무얼 하고 놀까?' 고민하다가 개미 떼를 발견했어.
개미 떼를 구경하는 건 정말 재미있어.

나는 어디에서나
즐거움을 발견합니다

심심하고 지루한 순간에도

눈을 동그랗게 뜨고, 장난꾸러기 미소를 지으며

즐거움을 발견해 보세요.

빙긋, 까르르, 하하, 배시시.

즐거운 시간은 나를 웃게 해요.

크게 소리 내어 웃어도 좋고,

슬며시 미소 지어도 좋아요.

많이 웃을수록 나의 하루는 반짝반짝 윤이 난답니다.

할머니, 할아버지를 사랑하는 마음을
표현하고 싶어서 편지를 적었어.
쑥스러워서 말로 하지는 못하고, 편지에 내 마음을 담았지.

나는 소중한 사람에게
마음을 표현합니다

"엄마, 아빠 사랑해요."

"선생님, 가르쳐 주셔서 감사합니다."

"넌 나에게 정말 특별한 친구야."

소중한 사람들에게 마음을 표현해 보세요.

말로 이야기해도 좋고, 편지로 써도 좋아요.

내가 만든 작은 선물을 주어도 좋답니다.

소중한 사람에게 마음을 전할 때마다 행복이 찾아올 거예요.

37

엄마한테 내 생각을 솔직하게 이야기했어.
엄마는 고개를 끄덕이며 받아들여 주셨어.

나의 생각은
존중받습니다

'이렇게 생각하면 나쁜 아이가 되는 건 아닐까?'

고민을 하느라 머릿속에 떠오른 생각을 무시해 버리지 말아요.

내 생각은 소중하고 귀하답니다.

내가 먼저 내 생각을 존중해 주세요.

그리고 상대방에게 내 생각을 또박또박 표현하는 거예요.

"지금은 혼자 있고 싶어."

"허락 없이 내 물건을 마음대로 사용하지 않았으면 좋겠어."

내 생각은 언제나 존중받을 수 있어요.

1학년 때는 받아쓰기를 잘 못했지만,
2학년이 된 지금은 얼마든지 받아쓰기를 잘할 수 있어.

나는 과거의 일에
얽매이지 않습니다

누구에게나 실수와 실패의 경험이 있어요.

빙판에서 스케이트를 타다가 '쿵!' 하고 넘어진 경험.

달리기 시합에서 꼴찌를 한 경험.

친구한테 연필을 빌렸다가 깜빡하고 잃어버린 경험.

하지만 그 경험은 모두 과거의 일이랍니다.

미래는 얼마든지 바뀔 수 있어요.

실수와 실패에 얽매여 있지 않고 잘 흘려보낸다면

지금 이 순간부터 새로운 이야기가 시작될 거예요.

39

교실 청소하는 날, 구석구석 먼지와 쓰레기를 쓸었어.
허리가 아팠지만 깨끗하게 바뀔 교실을 생각하며
최선을 다했지.

나는 힘들어도
최선을 다합니다

힘들어도 최선을 다했던 순간을 떠올려 보세요.

동생에게 한글을 알려 줄 때,

동생이 자꾸 실수해도 친절히 가르쳐 주는 나.

독서록 쓰기 숙제를 할 때,

무엇을 써야 할지 막막해도 차분히 생각해 보는 나.

두발자전거를 탈 때, 여러 번 넘어져도 다시 시도해 보는 나.

최선을 다하는 그 순간의 모습이 마음속에 오래오래 남아

나를 더 멋진 사람으로 만들어 줄 거예요.

아이스크림을 들고 가다 실수로 떨어뜨렸어.
속상한 마음에 눈물이 찔끔 나왔지만
엉엉 우는 대신 앞으로 더 조심해야겠다고 생각했어.

나는 안 좋은 일도
경험으로 받아들입니다

안 좋은 일은 누구에게나 갑작스럽게 찾아와요.

그럴 때면 '왜 하필 나한테 이런 일이 생긴 거야?'라고 생각하는 대신

'다음에 또 이런 일이 찾아오면 그땐 잘 대처할 거야.'라고 생각해 보세요.

지각해서 선생님께 꾸중을 들었지만,

그 경험을 통해 앞으로는 일찍 준비하겠다고 다짐하는 나.

수저통을 잃어버려서 찾느라고 고생했지만,

그 경험을 통해 앞으로는 내 물건을 잘 챙겨야겠다고 마음먹는 나.

안 좋은 일도 중요한 경험이 될 수 있답니다.

41

일곱 살 때부터 키우던 사슴벌레가 하늘나라로 떠났어.
마음에 차가운 바람이 부는 것처럼 슬퍼.
사슴벌레를 그리워하며 마당에 묻어 줬어.

나는 나의 감정을
소중히 여깁니다

내 마음에는 여러 가지 감정이 담겨 있어요.

즐거움, 사랑, 편안함처럼 좋은 감정뿐만 아니라

화, 슬픔, 괴로움처럼 힘든 감정도 있지요.

'나는 신나는 노래를 들으면 즐거워.'

'나는 엄마와 볼을 맞대면 사랑이 느껴져.'

'나는 숙제를 한 번에 많이 해야 할 때 괴로워.'

나에게 찾아온 다양한 감정을 두 팔 벌려 껴안아 주세요.

내가 느끼는 모든 감정이 보물처럼 빛나고 소중하답니다.

내일은 드디어 체험 학습 가는 날!
괜한 걱정거리는 '펑!' 하고 날려 버리고,
설레는 마음으로 체험 학습을 기다릴 거야.

나는 걱정거리에서
빠져나올 수 있습니다

걱정거리 때문에 머릿속에 짙은 먹구름이 가득한 날,

양손에 마법 도구를 쥐어 보세요.

마법 도구는 바로 뚝딱 방망이와 펑펑 풍선이에요.

해결할 수 있는 걱정이라면 뚝딱 방망이를 들고 '뚝딱!' 해결하고

해결할 수 없는 걱정이라면 펑펑 풍선에 담아 '펑!' 터뜨리는 거예요.

아무것도 하지 못한 채 걱정에 파묻혀 있는 대신

걱정거리에서 폴짝 뛰어 빠져나올 수 있을 거예요.

43

어제보다 바이올린을 잘 켰어.

내 친구보다는 못 했지만 그건 중요하지 않아.

나는 내 속도에 맞춰서 점점 발전하고 있으니까.

나는 친구와 나를
비교하지 않습니다

나보다 줄넘기를 잘하는 친구도 있고

나는 풀지 못하는 어려운 문제를 쉽게 푸는 친구도 있어요.

친구와 함께 수영을 배우기 시작했지만

친구가 나보다 훨씬 잘할 수도 있지요.

사람마다 잘하는 일도 새로운 것을 익히는 속도도 다르니까요.

친구와 나를 비교하지 말아요.

어제의 내 모습과 오늘의 내 모습을 비교해 보고

하루하루 더 나아지고 있다면 나는 충분히 잘하고 있는 거예요.

내가 싫어하는 별명을 부르며 놀리는 친구가 미웠어.
그런데 친구가 진심으로 사과하는 모습을 보고 용서했더니
뾰족뾰족했던 마음이 스르르 사라졌어.

다른 사람의 잘못을
용서할 수 있습니다

누군가를 미워하는 마음에는 날카로운 가시가 돋아 있어요.

가시는 상대를 찌르기도 하고, 나를 찌르기도 해요.

그래서 미워하는 마음을 품고 지내는 것은

나도 아프고 힘들게 하지요.

상대를 미워하는 대신 용서해 보세요.

그럼 잔뜩 구겨졌던 얼굴이 부드럽게 펴지고 마음이 편안해질 거예요.

나에게는 다른 사람의 잘못을 용서할 수 있는

따뜻한 마음이 있답니다.

45

자신감 넘치고 활발한 내 성격이 좋아.

가끔은 조용하고 신중한 내 성격도 좋아.

나는 내가 정말 좋아.

나는 내가
마음에 듭니다

내가 나를 마음에 들어 하는 순간,

나의 모든 특징은 장점으로 변할 수 있어요.

친구가 많지는 않지만 한번 친해진 친구와는 오래 우정을 나누는 나.

큰 목소리로 발표하지는 못하지만 수업에 열심히 참여하는 나.

새로운 일을 빨리 배우지는 못하지만 꾸준히 노력해서 결국 해내는 나.

입꼬리를 올리고 함빡 웃으며 이렇게 말해 보세요.

"나는 내가 마음에 들어."

내 마음과 친구의 마음이 항상 똑같을 수 없다는 걸 알아.
그래서 친구가 나와 다른 의견을 말할 때
친구의 말을 귀 기울여 듣곤 해.

나와 생각이 다른 사람의 말도
귀 기울여 듣습니다

나와 생각이 다른 사람을 만난다는 건

그만큼 나의 세상이 넓어질 수 있다는 거예요.

새로운 이야기를 들을 수 있고

생각지도 못한 아이디어를 떠올리게 될 수도 있으니까요.

"그렇게 생각할 수도 있구나."

"와, 새로운 의견이네. 그 생각은 못 했어."

나와 생각이 다른 사람의 말에 귀 기울여 보고

내 머릿속 세상을 더 크고 풍성하게 만들어 보세요.

야호! 신나는 토요일이야.
주말의 자유 시간은 내가 좋아하는 것과
나에게 도움이 되는 일들로 가득 채울 거야.

나는 나의 시간을
소중하게 사용합니다

잃어버린 장난감은 나중에 다시 살 수 있고
친구랑 싸우더라도 다시 화해할 수 있어요.
하지만 시간은 달라요.

아무리 큰 소리로 되돌려 달라고 외쳐도
온 세상의 금을 다 준다고 해도
돌아오지 않는 것이 바로 시간이에요.

귀한 선물 같은 시간을 소중히 여기며
내가 좋아하는 것, 나에게 도움이 되는 일들로 마음껏 채워 보세요.

48

슈퍼에서 물건을 사고
거스름돈을 잘 계산해서 받을 만큼
나는 충분히 똑똑해.

나는 충분히
똑똑합니다

어려운 수학 문제를 풀지 못했다고
다른 친구보다 좋은 점수를 받지 못했다고
'나는 똑똑하지 않아.'라고 생각하지 말아요.

도서실에서 고른 책을 재미있게 읽고 친구에게 소개해 주는 나.
선생님께서 말씀하신 내용을 잊지 않고 잘 기억하는 나.
어렸을 때 추억을 생생히 떠올리는 나.

거울을 보고 큰 소리로 또박또박 말해 보세요.
"나는 충분히 똑똑합니다."

49

내가 만든 노래 어때?

"붐붐 짜짜 짜라라라 붐붐!"

이런 노래도 있어. "기분이 좋구나. 얼쑤~."

나는 재미있고
유쾌한 아이입니다

나도 모르게 눈꼬리를 접고 입을 벌리며
큰 소리로 웃었던 기억을 떠올려 보세요.

친구와 웃긴 만화를 그리며 배가 아프도록 낄낄댔던 기억.
박자에 맞추어 뽕뽕 방귀를 뀌다가 엉덩이를 흔들었던 기억.
방문 뒤에 숨어 있다가 엄마를 깜짝 놀라게 하고는 까르르 소리 냈던 기억.

내 인생의 웃음 상자가 가득 차서 '뻥!' 터질 만큼
재미있고 유쾌한 순간을 매일 만들어 보세요.

텔레비전은 그만 봐야지!
매일 30분만 보기로 약속했으니까
오늘은 여기까지만 볼 거야.

나는 약속을
잘 지킵니다

약속을 지킬까 말까 망설여지는 순간

내 마음속의 천사와 악마가 힘겨루기를 한다고 생각해 보세요.

'약속 안 지켜도 들키지만 않으면 아무도 모를걸?

괜찮아. 가끔 어기는 건데, 뭐 어때.'

'아니야. 약속했으니까 꼭 지킬 거야.

다른 사람은 눈치채지 못해도 나는 알잖아.'

천사와 악마 중 누구의 손을 들어 줄지 결정하는 것은 나의 몫이에요.

나를 더 좋은 사람으로 만들어 주는 결정을 해 보세요.

51

작고 까만 수박씨의 미래는 커다랗고 잘 익은 수박!
하늘하늘 날리는 민들레 홀씨의 미래는 노란 민들레!
그렇다면 나의 미래는? 두근두근 기대돼.

나는 내 미래가
기대됩니다

어른이 된 내 모습을 상상해 보세요.

어떤 옷을 입고, 어떤 표정을 지으며,

어떤 말을 하고 있을지 상상해 보는 거예요.

내 마음에 쏙 드는 곳에서

만족스러운 미소를 지으며 웃고 있을 미래의 나에게

이렇게 말해 보세요.

"와, 최고야. 마음에 쏙 들어!

열심히 노력해서 하루하루 가까이 다가갈게."

52

필통에 누군가 넣어 둔 쪽지를 발견하고
나도 모르게 웃음이 나왔어.
벌써 좋은 일이 생긴 것 같아.

내 앞에는 좋은 일이
기다리고 있습니다

숨바꼭질하듯 주의를 기울여
나를 기다리고 있는 좋은 일들을 발견해 보세요.

길에서 우연히 친한 친구를 만날지도 몰라요.
선생님과 눈이 마주치는 순간, 선생님께서 내 머리를 쓰다듬으며
"아유, 귀여워."라고 말씀하실지도 모르고요.
내가 갖고 싶어 하던 지우개를 친구가 선물로 줄 수도 있어요.

오늘도 좋은 일들이 나를 기다리고 있어요.

53

모둠 친구들과 함께 힘을 합해서
우리 동네 지도를 멋지게 완성했어.

나는 친구들과
협동합니다

'내가 친구들보다 훨씬 낫지.' 생각하며 우쭐해하거나
'나는 친구들보다 잘 못해.' 생각하며 움츠러들지 말아요.
누가 더 잘하는지 비교하기 위해 친구가 있는 것은 아니니까요.

기발한 아이디어가 많은 친구, 그림을 잘 그리는 친구,
글씨를 잘 쓰는 친구.

각자 가진 장점을 한곳으로 모아 힘을 합하면
세상에서 가장 멋진 작품이 탄생할 거예요.

54

손이 닿지 않는 곳에 읽고 싶은 책이 꽂혀 있어서
사서 선생님께 도움을 청했어.
"선생님, 저기 위에 있는 책 좀 꺼내 주세요."

나는 내가 원하는 것을
잘 표현합니다

내가 원하는 것이 무엇인지 내 마음을 잘 살펴보세요.
무엇을 하고 싶은지, 어디에 가고 싶은지, 무엇이 필요한지
내가 원하는 것을 정확하게 아는 건 정말 중요하답니다.

놀이터에서 친구들과 실컷 놀고 싶은 나.
소라게가 숨어 있는 바다에 가고 싶은 나.
어려운 만들기 숙제를 할 때 도움이 필요한 나.

원하는 것이 있다면 우물쭈물 망설이지 말고
또박또박 내 마음을 표현해 보세요.

급식에 내가 좋아하는 핫도그가 나와서 맛있게 먹었어.
더 먹고 싶다고 생각하는 순간, 짝꿍이 말했어.
"난 핫도그 싫어하는데 너 먹을래?"

행운은 매일
나에게 찾아옵니다

오늘 나에게 찾아온 행운을 떠올려 보세요.

지각할까 봐 허둥지둥 집을 나섰는데,

마치 기다렸다는 듯이 엘리베이터 문이 열린 일.

떡볶이 가게 아저씨가 "맛있게 먹으렴." 하고 말씀하시며

떡볶이를 평소보다 훨씬 많이 준 일.

비가 오는데 우산이 없어서 걱정했지만 갑자기 하늘이 맑게 갠 일.

마음을 활짝 열고 오늘 하루를 잘 살펴보면

행운이 나를 찾아왔던 흔적을 발견할 수 있을 거예요.

56

나는 자라서 멋진 곤충학자가 될 거야.
오늘도 숲을 탐험하며
신비로운 곤충의 세계를 알아가는 중!

나는 내가 바라는 모습으로
자라고 있습니다

내가 바라는 내 모습을 떠올려 보세요.

주변 사람들에게 웃음을 주는 사람이 되고 싶어서
매일 재미있는 이야기를 친구들에게 들려주는 나.
동물들에게 따뜻한 사랑을 주는 사람이 되고 싶어서
동물과 관련된 책과 영상을 자주 보는 나.
아름다운 공간에 머무는 사람이 되고 싶어서
틈날 때마다 멋지고 예쁜 물건들을 모으는 나.

나는 내가 바라는 모습으로 조금씩 성장하고 있어요.

언젠가 갈라파고스 제도를 탐험할 거야.
달로 여행도 가고, 강아지 말도 공부할 거야.
이게 다 가능하냐고? 그럼, 당연하지!

나는 자유롭게
꿈꿉니다

내가 이런 꿈을 꿔도 되는지,

이 꿈이 과연 가능한지 걱정하지 말아요.

꿈은 누구에게도 허락받지 않아도 되고,

가능성을 의심하지 않아도 된답니다.

원하는 대로 자유롭게 꿈꿔 보세요.

꿈에 커다란 날개를 달고 훨훨 날아 보는 거예요.

내가 꾸는 꿈이 나를 더 멋진 곳으로 데려갈 거예요.

58

잠수 대결에서 꼴찌를 했어.

하지만 꼴찌인 나를 미워하지 않아.

끝까지 최선을 다한 나는 멋진 어린이니까!

나는 나를
깊이 사랑합니다

나 자신이 부족해 보여 자꾸 작아지는 날.

'난 도대체 왜 이럴까?' 생각하는 대신 꼭 해야 할 일이 있어요.

바로 나를 사랑하는 연습을 하는 거예요.

'괜찮아. 최선을 다했으니 충분해.'

'누구나 모자란 부분이 있고, 실수하는 거야.'

멋지고 대단한 내 모습만이 아니라

약하고 못난 내 모습도 꼭 안아 줄 때

나를 깊이 사랑할 수 있답니다.

푸하하! 콧구멍을 크게 만드느라
코끝이 빨갛게 변한 친구의 얼굴을 보니까
깔깔 웃음이 터져 버렸어.

나는 유머와 웃음이
가득한 하루를 보냅니다

땀 흘리며 운동하는 것만큼 꼭 필요하고
성실히 공부하는 것만큼 중요한 게 있어요.
그건 바로, 깔깔 푸하하 까르르 신나게 웃는 거예요.

노래 가사를 재미있게 바꿔 부르다가 하하 웃음이 터진 나.
할머니, 할아버지 목소리를 흉내 내다가 히히 웃음이 터진 나.
짝이 아닌 양말을 신고 있는 누나를 보고 낄낄 웃음이 터진 나.

웃음이 터질 때마다
나의 하루는 알록달록 무지개색으로 물들 거예요.

60

오늘은 내 생일이야!
생일을 맞아 큰 소리로 말했어.
"모든 일에 감사합니다!"

모든 일에
감사합니다

매일 잠들기 전, 감사한 일을 떠올리고 소리 내어 말해 보세요.

"밤마다 편안히 잠들 수 있는 공간이 있어서 감사합니다."

"잘못했다고 말했을 때 '괜찮아.'라고 대답해 준 동생에게 감사합니다."

"숙제하고 있을 때 사과를 깎아서 가져다준 아빠한테 감사합니다."

매일 감사한 일을 말하다 보면 언젠가 깨닫게 될 거예요.

세상에 태어나 하루하루를 살아가는 지금,

모든 것에 감사하다는 사실을 말이에요.

이다희 선생님과 함께하는

긍정 확언 챌린지

① 〈마음에 용기를 주는 마법의 문장〉을 오려요.
② 현관문에 붙여 놓고 매일 아침 등교하기 전 읽어요!
③ 이 책에는 총 60개의 긍정 확언이 있어요.
   매주 5개씩 12주 동안 꾸준히 긍정 확언 챌린지를
   실천해 봐요.
④ 긍정 확언을 읽는 모습을 영상으로 찍거나
   녹음해서 친구들과 공유해 봐도 좋아요!

긍정 확언 챌린지를 다하고 난 후,
나는 무엇이 달라졌나요?
언젠가 이다희 선생님에게 꼭 말해 주기!

마음에 용기를 주는 마법의 문장

❶ 나에게는 꿈을 이룰 수 있는 힘이
   있습니다.

❷ 우리 가족은 언제나 나를 응원합니다.

❸ 나는 친절하고 다정한 아이입니다.

❹ 세상에는 나를 위한 멋진 자리가
   준비되어 있습니다.

❺ 나를 힘들게 하는 생각 대신
   좋은 생각을 선택합니다.

마음에 용기를 주는 마법의 문장

❻ 나는 실수해도 나를 응원해 줍니다.

❼ 내 주변에는 아름다운 것이
   가득합니다.

❽ 나는 친구들을 좋아하고 친구들도
   나를 좋아합니다.

❾ 나는 강하고 자신감 넘치는
   아이입니다.

❿ 나의 뇌는 지금도 자라고 있습니다.

마음에 용기를 주는 마법의 문장

⑪ 나는 나의 몸에게 감사합니다.

⑫ 나는 충분히 좋은 아이입니다.

⑬ 내 안에는 놀라운 능력이 자라고
   있습니다.

⑭ 나는 보호받고 사랑받는 아이입니다.

⑮ 나는 새로운 것을 배우기를
   좋아합니다.

마음에 용기를 주는 마법의 문장

⑯ 나는 나를 믿습니다.

⑰ 나는 내 인생의 주인공입니다.

⑱ 모든 일이 잘 흘러가고 있습니다.

⑲ 나는 긴장되는 마음을 조절할 수 있습니다.

⑳ 나의 웃는 얼굴은 주변 사람을 미소 짓게 합니다.

마음에 용기를 주는 마법의 문장

㉑ 나는 해야 할 일을 미루지 않습니다.

㉒ 나는 나를 자랑스럽게 생각합니다.

㉓ 우리 가족은 나의 모든 모습을
   사랑합니다.

㉔ 지금의 부족한 모습보다
   미래의 나아질 모습에 집중합니다.

㉕ 나는 사람들에게 도움을 주는
   멋진 아이입니다.

마음에 용기를 주는 마법의 문장

㉖ 나는 스스로 노력하며 배웁니다.

㉗ 나는 나에게 맡겨진 일을
   잘 해냅니다.

㉘ 나는 어려운 일에도 일단 도전합니다.

㉙ 오늘도 좋은 일이 가득한 하루입니다.

㉚ 나는 잘못을 책임질 줄 아는
   아이입니다.

마음에 용기를 주는 마법의 문장

㉛ 내 머릿속은 멋진 아이디어로
가득합니다.

㉜ 나는 소중하고 특별한 사람입니다.

㉝ 나는 꾸준히 연습합니다.

㉞ 나는 내 모습을 사랑합니다.

㉟ 나는 어디에서나 즐거움을
발견합니다.

마음에 용기를 주는 마법의 문장

㊱ 나는 소중한 사람에게 마음을
표현합니다.

㊲ 나의 생각은 존중받습니다.

㊳ 나는 과거의 일에 얽매이지 않습니다.

㊴ 나는 힘들어도 최선을 다합니다.

㊵ 나는 안 좋은 일도 경험으로
받아들입니다.

마음에 용기를 주는 마법의 문장

㊶ 나는 나의 감정을 소중히 여깁니다.

㊷ 나는 걱정거리에서 빠져나올 수 있습니다.

㊸ 나는 친구와 나를 비교하지 않습니다.

㊹ 다른 사람의 잘못을 용서할 수 있습니다.

㊺ 나는 내가 마음에 듭니다.

마음에 용기를 주는 마법의 문장

㊻ 나와 생각이 다른 사람의 말도
   귀 기울여 듣습니다.

㊼ 나는 나의 시간을 소중하게
   사용합니다.

㊽ 나는 충분히 똑똑합니다.

㊾ 나는 재미있고 유쾌한 아이입니다.

㊿ 나는 약속을 잘 지킵니다.

긍정 확인 11주 차

마음에 용기를 주는 마법의 문장

(51) 나는 내 미래가 기대됩니다.

(52) 내 앞에는 좋은 일이 기다리고 있습니다.

(53) 나는 친구들과 협동합니다.

(54) 나는 내가 원하는 것을 잘 표현합니다.

(55) 행운은 매일 나에게 찾아옵니다.

긍정 확언 12주 차

마음에 용기를 주는 마법의 문장

㊑ 나는 내가 바라는 모습으로 자라고 있습니다.

㊗ 나는 자유롭게 꿈꿉니다.

㊘ 나는 나를 깊이 사랑합니다.

㊙ 나는 유머와 웃음이 가득한 하루를 보냅니다.

㊚ 모든 일에 감사합니다.

가장 네 마음에 들었던
긍정 확언을 여기에 적어 봐.
너만의 긍정 확언을 만들어 봐도 좋아!

어떤 일도 긍정적으로
씩씩하게 해낼 너를 응원하며!

마음에 용기를 주는
어린이 긍정 확언

1판 1쇄 인쇄 | 2024년 11월 18일
1판 1쇄 발행 | 2024년 11월 27일

글 | 이다희 **그림** | 뜬금
펴낸이 | 김영곤 **펴낸곳** | ㈜북이십일 아울북

기획개발 | 김미희 정윤경 김시은
디자인 | 한성미
아동마케팅팀 | 장철용 양슬기 명인수 손용우 최윤아 송혜수 이주은
영업팀 | 변유경 김영남 강경남 황성진 김도연 권채영 전연우 최유성
제작팀 | 이영민 권경민

출판등록 | 2000년 5월 6일 제406-2003-061호
주소 | (10881) 경기도 파주시 회동길 201(문발동)
대표전화 | 031-955-2100 팩스 031-955-2177
홈페이지 | www.book21.com

ISBN | 979-11-7117-921-3 (73190)

* 책값은 뒤표지에 있습니다.
* 잘못 만들어진 책은 구입하신 서점에서 교환해 드립니다.

• 제조자명 : ㈜북이십일
• 주소 및 전화번호 : 경기도 파주시 문발동 회동길 201(문발동) / 031-955-2100
• 제조연월 : 2024.11.
• 제조국명 : 대한민국
• 사용연령 : 3세 이상 어린이 제품

다양한 SNS 채널에서 아울북과 을파소의 더 많은 이야기를 만나세요.

 인스타그램 @owlbook21
 페이스북 @owlbook21
네이버카페 owlbook21
네이버포스트 아울북 and 을파소